CHEZ LES PAUVRES

SOUVENIRS

DES

Visites charitables de Clément Myionnet

des Frères de Saint-Vincent de Paul

PAR DANIEL FONTAINE

Prêtre de la même Congrégation

ŒUVRE DE LA PREMIÈRE-COMMUNION
ET DES
ORPHELINS-APPRENTIS
40, Rue La Fontaine, Paris-Auteuil

1898

CHEZ LES PAUVRES

SOUVENIRS

des Visites charitables de Clément Myionnet

OMNI MODO CHRISTVS ANNVNTIETVR

MESSIS MVLTA

Imprimatur :

8 Décembre 1898

A. LECLERC,

Supérieur Général

des Frères de Saint-Vincent de Paul.

CHEZ LES PAUVRES

SOUVENIRS DES
Visites charitables de Clément Myionnet

des Frères de Saint-Vincent de Paul

PAR DANIEL FONTAINE

Prêtre de la même Congrégation

ŒUVRE DE LA PREMIÈRE-COMMUNION
ET DES
ORPHELINS-APPRENTIS
40, Rue La Fontaine, Paris-Auteuil

1898

CLÉMENT MYIONNET

Premier Frère de Saint-Vincent de Paul

1812-1886

I

LES GAMINS

Il y a quelques années, on voyait sortir le dimanche, à midi, du grand portail des Frères de Saint-Vincent de Paul, a Vaugirard, un vénérable vieillard accompagné d'un tout jeune abbé.

Ce dernier, nouveau venu au Noviciat, n'aimait pas beaucoup se trouver seul dans ce quartier dit des « Morillons », car les gamins du voisinage avaient remarqué son air embarrassé dans sa nouvelle soutane, et chantaient en son honneur, du plus loin qu'ils l'apercevaient, le refrain du « *Canard déployant ses ailes: c. c. c.!* »

Aujourd'hui, dimanche, l'abbé n'était pas seul, et craignait moins les chanteurs. D'ailleurs c'était pour lui un grand honneur que son titre de plus jeune lui eût valu d'accompagner ce vieillard vénéré de tous, sous le nom de « Monsieur Myionnet ».

On savait qu'il était appliqué aux œuvres depuis cinquante ans. Il avait été le premier compagnon du P. Le Prévost, le fondateur des Frères de Saint-Vincent de Paul, et sa mémoire était en bénédiction dans toutes les maisons de la Congrégation.

Sur ses vieux jours, il était, disait-on, au repos, quoique tout dernièrement il eut établi les réunions de la Sainte-Famille de Vaugirard pour les pauvres, et organisé la messe des miséreux qui s'est établie depuis à Montmartre.

Le regard inexpérimenté n'aurait pas reconnu d'un premier coup d'œil, l'homme éminent qu'était M. Myionnet. Malgré sa haute stature il marchait péniblement, marquant le pas avec une grosse canne, au long de laquelle on entendait le cliquetis d'un Rosaire qui touchait presque à terre.

Ses habits étaient pauvres, convenables, quoique assez démodés, sa barbe propre mais raide, disait-on, comme des baguettes de tambour. Ses petits yeux allaient alternativement du ciel à la terre, sans paraître s'occuper de ce qui se passait autour de lui. Et pourtant il voyait tout ! L'objet le plus luxueux de sa parure était un interminable chapeau à haute forme, qui n'avait jamais dû appartenir à aucune mode. S'il avait été noir jadis, tant d'averses en avaient rafraîchi le poil qu'il était devenu multicolore, avec prédominance de la couleur verte.

Les gamins appelaient ce chapeau le « tromblon du père Myionnet ».

Et le jeune abbé vénérait trop son saint compagnon pour s'étonner de la pauvreté de ses habits du dimanche, quoiqu'il ne fût pas pour cela absolument tranquille. Gare, se disait-il tout bas, nous voilà un beau couple, à nous deux ; et, quand ces petits « pierrots » des rues vont nous apercevoir, ça va faire une jolie comédie.

Tandis que l'abbé se laissait aller à ces méchantes réflexions, M. Myionnet lui dit: « Mon petit abbé, j'ai besoin de vous ! Jusqu'ici j'allais tout seul voir les pauvres de ce quartier, ce serait maintenant le tour du prêtre, mais en attendant que le bon Dieu m'en envoie, il fallait au moins une soutane pour la montrer à tous ces braves gens, qui en ont peur bien à tort. Comme vous le voyez, c'est un grand ministère que vous allez accomplir. D'ailleurs ce n'est pas difficile, vous n'aurez qu'à me regarder faire. »

Ce dernier mot fini, sans autre phrase, les yeux du vénéré vieillard s'élèvent vers le ciel, il tire de sa poche le Rosaire à gros grains, fait un grand signe de croix, et commence le *Credo*, tandis que l'on se trouvait déjà au bas de la rue de Dantzig qui longe la Maison-Mère de la Communauté.

Instinctivement l'abbé regardait un peu

de côté et d'autre comme pour s'assurer qu'il n'y avait pas trop de monde à les voir. Et ses yeux rencontrent, à l'angle d'une autre rue, ceux d'un des petits chanteurs habituels qui se retourne et crie à une troupe occupée un peu plus loin au jeu de la toupie : « Ohé, dites donc, v'là l'petit curé : *Couac !* » Tous ensemble répètent encore plus fort, en traînant sur la fin, ce cri peu joli à entendre, surtout quand les gamins le chantent du nez en faisant d'horribles grimaces.

L'abbé se disait en lui-même : Je le savais bien !

Ce n'était pourtant qu'un malentendu qui allait s'éclaircir assez vite.

Le premier *criard* ne connaissait pas M. Myionnet. Les autres avaient crié « *Couac !* » sans se déranger de leur jeu, et sans s'apercevoir que l'abbé n'était pas seul. Ce n'est qu'après avoir ramassé sa toupie que l'un des gamins aperçoit M. Myionnet, et s'écrie : « Ah ! m'sieu Myionnet. » Toutes les têtes se retournent, les yeux se fixent sur le vieillard immobile et souriant. Alors c'est un concert : « Ah! le père Myionnet, vive le père Myionnet ! » Les toupies s'arrêtent comme par enchantement. M. Myionnet est entouré d'une dizaine de gavroches. L'un prend sa canne et fait semblant de marcher comme lui; un autre saisit le chapelet, fait *au nom du Père* à l'envers, et se redresse tout fier, en disant : « C'est-y comme ça ? » Un furet surveille la poche, derrière la longue redingote d'où sortent quelquefois des petits « cochons » en pain d'épice.

Un autre met discrètement sa main à la hauteur de la pochette du pardessus, car c'est la place aux images. Enfin, le plus malin de tous dit au bon père : « Monsieur *Mygnonnet*, quelle heure qu'il est ? » Il sait bien, le petit drôle, qu'à côté de la montre se cachent des médailles, et qu'il suffira d'en demander pour en avoir.

Quand la première effervescence a fai place au calme, M. Myionnet prend la parole.

« Vous, mon enfant, allez-vous au patronage ? — *Ah ! je peux pas, m'sieu, maman est malade, faut que je fasse les commissions.* — Vous viendrez me voir demain, j'enverrai une dame voir votre mère.

« Et vous, pourquoi n'allez-vous pas au patronage? — *M'sieu, y a papa qui ne veut pas, y dit qu'tout ça c'est de la blague.* — Qu'est-ce qu'il fait votre papa ? — Il est chiffonnier. — Où demeurez-vous ? — Cité Brancion ! — Ah ! dit M. Myionnet tout bas et d'un air triste en se tournant vers l'abbé, je vous expliquerai cela tout à l'heure. »

Enfin après une dizaine de minutes chacun avait eu son petit mot, avait promis un bout de prière, avait eu sa caresse et sa petite tape sur la joue. Cela suffisait pour aujourd'hui. « Au revoir, mes bons enfants» dit M.Myionnet avec sa grosse voix.

Et tous d'un seul accord : « Au revoir, monsieur Myionnet ! Quand est-ce que vous repasserez ? »

Le petit abbé avait essayé de profiter de sa première leçon, en suivant le conseil du saint homme : « Faites comme vous me verrez faire. » Il avait dit des petits mots aimables ; il s'était montré souriant, quoique se trouvant fort peu à l'aise. Mais apparemment, il ne s'en était pas trop mal tiré pour ses débuts, car en le quittant, quelques-uns des gamins qui l'insultaient hier, après avoir salué M. Myionnet avaient ajouté : « Salut, monsieur l'abbé ! »

C'était une réconciliation et elle lui allait au cœur.

Les deux compagnons continuèrent leur marche ; le chapelet se continuait aussi, entremêlé de l'énoncé des mystères du Rosaire et d'une grâce à obtenir.

Les interruptions ne manquaient pas.

Il arrivait à chaque instant des salutations auxquelles M. Myionnet répondait sans même se retourner en donnant chaque fois un grand coup de chapeau : « Bonjour, ma bonne dame ! Bonjour, mon bon ami ! Bonjour ! Bonjour ! » Et la Salutation angélique, ce bonjour à la Vierge, reprenait là où la charité l'avait arrêtée. On comprend que l'unique chapelet qui se disait en route, durait parfois une heure, mais aussi quelle pluie de grâces en devenait la récompense.

A la fin de cette première tournée, l'abbé s'était tellement aguerri, que la semaine allait lui paraître trop longue jusqu'au dimanche suivant, où M. Myionnet devait le conduire dans la fameuse cité Brancion !

II

LA CITÉ BRANCION

Au cours de la semaine qui suivit cette première excursion dans le Paris-sauvage, M. Myionnet rencontra le jeune abbé novice, au pied d'un escalier. « Quel dommage que vous ne soyez pas encore prêtre ! » Il lui dit sa joie de pouvoir compter sur son aide, chaque dimanche de midi à deux heures. Il le félicita d'avoir fait ses premières armes, lui recommanda de mettre des cordons aux médailles, d'avoir en poche des histoires, des images, des bons livres et des bonbons ; enfin d'être encore plus aimable et que tout irait bien.

La prière devrait aussi devenir plus fervente, il y faudrait joindre la pénitence, c'était nécessaire à l'apostolat, condamné sans cela à demeurer stérile.

Donc le dimanche suivant l'abbé était à son poste, dans le jardin de la Maison-Mère, devant une statue de la Vierge, où l'*Angelus* se disait au sortir du réfectoire, à midi. On était sûr de voir apparaître aussitôt M. Myionnet, faisant signe à l'abbé de venir faire une visite au Saint-Sacrement avant de partir, pour que la bénédiction de Notre-Seigneur assurât le succès des pieuses démarches.

Ordinairement aussi le vénérable fondateur qui voulait être le dernier de la Communauté ne manquait pas d'aller trouver son supérieur, un prêtre bien jeune encore, pour lui demander la permission d'aller visiter les pauvres.

Les coups de chapeau commençaient alors devant les statues des saints que l'on voyait dans le jardin ; on se découvrait devant chaque frère qui passait, fut-ce le dernier venu du Noviciat.

Arrivé à la porterie, M. Myionnet dit à l'abbé avec le plus grand sérieux du monde : « Je serais bien content d'être portier, je suis vieux et inutile, là du moins je pourrais rendre quelques petits services. L'autre jour au conseil de la Communauté j'ai demandé cela comme une faveur, on n'a pas jugé à propos de me l'accorder. »

Le brave portier d'alors était un vieux saint homme nommé Paulin, rivé à mort à sa loge. Il paraissait muet avec la terre, n'ayant d'autre conversation qu'au ciel en égrenant son chapelet sans arrêter. Il répondait par des gestes significatifs des oui et des non à tout venant, toute la journée. Sa seule récréation consistait dans une série de pèlerinages et de chemins de croix aux diverses chapelles de la maison. Véritable ermite, il n'était pas sorti depuis quelque dix ans ; bien décidé à ne plus revoir le monde, il ne voulait ni parapluie, ni chapeau. Un beau jour, on trouva le père Paulin évanoui dans sa loge : il avait communié le matin et venait de quitter la porterie pour le Paradis.

On avait donc franchi le seuil du vieux portail, et déjà le grand signe de croix était suivi du chapelet, agrémenté, selon l'usage, par les politesses des nombreux amis, les braves gens du quartier.

Avant, d'arriver à la cité Brancion M. Myionnet jugea prudent d'en esquisser la physionomie au jeune abbé, pour lui éviter de fâcheuses surprises.

La cité Brancion donc, c'est la cité des chiffonniers ! La consigne, jusqu'ici bien observée, veut qu'on n'y laisse entrer ni sergent de ville, ni curé

Le commissaire de police le savait bien, il en avait averti ses hommes, et il était convenu que les agents ne s'occupaient pas des ivrognes de ce coin du quartier. Les camarades chiffonniers y pourvoyaient et le meilleur moyen d'avoir la paix avec ces braves gens était de ne pas intervenir dans leur administration. « Nous faisons bien la police tout seuls, disaient-ils, on n'a pas besoin de *sergots !* »

Quant aux curés, la défense était plus formelle encore ; s'il en eût osé entrer un, il n'en fût pas sorti.

M. Myionnet, par bonheur, n'était pas curé, mais il en avait un peu l'air. Depuis longtemps il préparait ses batteries contre le diable des chiffonniers. La concierge le regardait d'un œil meilleur, déjà même sa langue bienfaisante l'avait rendu moins antipathique aux mégères du rez-de-chaussée, aux vieilles sorcières surtout. On disait bien : « Méfiez-vous de cet homme-là : c'est un curé déguisé. — Non, disait une autre, c'est un *sergot* en bourgeois. »

Mais, par un coup de Providence, M. Myionnet était devenu sympathique en tournant un petit compliment, je ne sais sur quoi, à une vieille au nez crochu nommée Séraphine qui s'était enhardie jusqu'à lui demander son âge. Le père

Myionnet, sans se faire prier, avait avoué ses soixante-douze ans ! Voilà que c'était l'âge de la vieille ! Et quel mois ? — Septembre. — Ah ! moi aussi ! A un jour près, ils étaient nés ensemble. Jugez donc du succès. Toute la cité le sut bientôt. Du fond de la cour on entendait crier : « Mais non, c'est pas un curé, puisque j'te dis qu'il est de l'âge à Séraphine ! » L'argument ne défiait-il pas toute réplique ?

Peu à peu M. Myionnet, protégé par la concierge et bien vu de Séraphine, avait gagné quelques sympathies. Le cercle de ses nouvelles amies s'élargit encore quand on s'aperçut qu'il s'y connaissait en chiffons et qu'il distinguait, en vrai connaisseur, un os de mouton d'un os de lapin ! Mais malgré la certitude acquise pour les gens de la cité que le père Myionnet n'était ni un curé ni un sergent de ville, il avait eu raison d'attendre, pour parler du bon Dieu, le moment opportun que bénirait la grâce.

L'abbé venait d'apprendre cette situation délicate de la bouche même de son maître en charité, de façon à n'avoir aucune illusion sur l'effet magique qu'allait produire l'apparition de sa soutane dans cet étrange milieu.

Chemin faisant, bien qu'on eût marché au petit pas militaire, l'abbé sentait son cœur faire légèrement «tic tac». M. Myionnet ne paraissait guère ému. Il lève machinalement la tête et lit tout haut : « Impasse Brancion. C'est à gauche, mon petit ami, nous sommes arrivés, laissez-moi passer devant. »

La grille s'entr'ouvre, la concierge vient au-devant des visiteurs et fait mine de ne pas apercevoir l'abbé, croyant sans doute qu'il s'était trompé de porte.

Puis elle s'écrie : « Ah c'est vous, monsieur Myionnet, y avait-il longtemps qu'on vous avait pas vu ! » Et, s'adressant à l'abbé, avant qu'il ait eu le temps de placer un mot : « C'est pas ici, monsieur le curé, faudrait voir la porte à côté, je vous avons pas fait demander, il n'y a personne à mourir ici. »

« — Ah pardon, ma bonne dame, reprend M. Myionnet, cet ecclésiastique est un de mes amis, cela lui fera plaisir de voir les braves gens de la cité Brancion, je l'ai prié de m'accompagner. »

La concierge devint pâle et subitement muette ; elle rentre brusquement dans sa loge, ferme la porte du bas, pousse le contre-vent du haut, boucle toutes les fenêtres. Elle a l'air aussi inquiet que si tous les diables avaient fait irruption dans sa maison.

Sa figure décomposée semble dire aux deux imprudents : « Il arrivera ce qui pourra, ce ne sera toujours pas de ma faute. »

L'abbé n'avait cessé de prier : le moment d'avoir du courage et de l'à-propos était arrivé.

Le père Myionnet n'insiste pas auprès de la concierge quoiqu'il n'ait guère envie de reculer. Le voilà qui avance à pas de loup au milieu de la cour, en disant de temps en temps à l'abbé : « Suivez-moi toujours. »

D'habitude, quelques enfants apprivoisés par des bonbons venaient au-devant de M. Myionnet quand il était seul. Mais les pauvres petits ont à peine aperçu la soutane, qu'ils s'enfuient à toutes jambes comme si un chien enragé aboyait à leurs trousses !

« Ah ! hi ! oh ! maman, maman, croquemitaine ! maman, sac à charbon, curé ! maman, l'homme noir, la vilaine b..! qui mange les petits enfants qui ne sont pas sages ! » Et les portes se ferment ; et des menaces éclatent, et des jurons grondent dans ces taudis ténébreux. Une véritable révolution se serait produite si par bonheur la plupart des hommes ne se fussent trouvés absents. Le calme revint à l'intérieur des maisons quand chacun eut pu à son aise toucher les uns la pincette, les autres un vieux gril ou un fer à repasser. Du moment qu'on avait touché du fer, le malheur serait peut-être conjuré, quoiqu'il eût mieux valu, disait-on, que « cet oiseau de malheur » n'entrât jamais chez nous.

Vous eussiez joui du calme de M. Myionnet appuyé sur son bâton, au milieu de la cour, ayant à ses côtés le jeune abbé amplement satisfait désormais de ses velléités d'évangéliser des sauvages. Il n'y aurait pas loin à aller. Et qu'allait-il arriver? « S'en aller, pensait M. Myionnet, c'est perdre toute la partie, demeurons et prions. »

Au milieu de ce brouhaha, maîtresse Séraphine, cachée derrière un rideau, avait mis ses lunettes et dévisageait de son mieux les deux « intrus » plantés comme des piquets au milieu des cabanes à chiffons.

Soudain un éclair de génie illumine la face jaune et ridée de la chiffonnière ; elle a trouvé l'énigme. « Ce jeune curé ressemble à M. Myionnet, que c'est à s'y méprendre. — C'est comme deux gouttes d'eau, dit une autre. — Tiens, j'te dis que c'est son fils. — Ah ça, Séraphine, t'as peut-être bien raison. Un si brave homme, le père Myionnet, que c'était malheureux qu'il soit l'ami des curés. Après tout, ce p'tit prêtre c'est-y pas un homme comme un autre. Ah ! mais qu'ils se ressemblent donc ! Regarde le nez. Les yeux sont tout pareils. Ils marchent pareil aussi. Et puis enfin tu vois qu'ils s'aiment comme père et fils !

« — Il paraît, ajoute Séraphine, qu'ils sortent toujours ensemble. » Sur ce, pour être plus sûre de son fait, la chiffonnière au nez crochu quitte sa cabane, prend un air mystérieux, s'approche discrètement des visiteurs, quoique en regardant l'abbé encore un peu de travers; et, prenant son toupet à deux mains, elle dit à M. Myionnet:

« Vous allez nous trouver ben curieuses ; mais je disons que ce petit prêtre ça doit pas être un curé; je soutenons que ça peut être que votre garçon.

« — Comme vous voudrez, ma brave femme, reprend sans se gêner M. Myionnet; mais pourquoi tout le monde s'est-il sauvé en nous voyant? M. l'abbé ne mangera personne. Voyez plutôt. »

Sur un signe de M. Myionnet, l'abbé avait sorti ses munitions de bouche : il en avait plein ses poches. Les gamins commencent à se persuader qu'ils ne seront pas mangés ; l'affaire est en bonne voie, le rêve du père Myionnet commence à s'accomplir, car en attendant mieux les jeunes sauvages apprennent à ne plus détester la soutane, grâce à deux sous de bonbons. Ne sera-t-il pas toujours vrai qu'on prend plus de mouches avec un rayon de miel qu'avec un tonneau de vinaigre?

Mais là ne devait pas se borner l'apostolat de la cité Brancion. M. Myionnet venait d'y introduire la livrée de Jésus-Christ, le bon Pasteur allait bientôt ramener au bercail plus d'une de ces chères brebis perdues.

III

BUREAU D'APOTRE

C'était une chère idée fixe de M. Myionnet que le peuple n'aime pas le prêtre parce qu'il ne le voit pas de près. Le prêtre lui-même ne se passionne pas pour les âmes des pauvres parce qu'il en est trop loin. Par tous les moyens favorisons le rapprochement de l'un et de l'autre, dissipons les malentendus, aimons le peuple, il nous aimera bien vite.

Le jeune abbé novice venait de toucher du doigt cette réalité. Laissons-le un instant tranquille en prière dans son Noviciat, pour pénétrer plus intimement dans la vie quotidienne de M. Myionnet. Elle se résume en deux mots : amour de Dieu et des âmes ; quelle grandeur et quelle simplicité !

Ce vieillard dont plus d'un demi-siècle de travaux n'a fait qu'exciter le zèle, est debout à 4 h. 1/2 du matin. Lui-même nous apprend que sa journée commence avec la récitation des six *Pater*, *Ave* et *Gloria* du scapulaire bleu pour les âmes du Purgatoire. Il fait une heure de prière et d'oraison avec ses frères, entend la messe, communie chaque jour. Et quand le grand conseil des Frères de Saint-Vincent de Paul ne requiert pas les lumières de sa sainte expérience, il se met sans tarder à l'œuvre en vue de sauver des âmes, toujours par les moyens les plus simples.

Il s'est aménagé un bureau entre les deux patronages de jeunes gens fondés, sur son initiative, dans ce champ de la Salette obtenu miraculeusement par la prière de ses orphelins.

Ce bureau est assez pittoresque. Entrez

plutôt, pourvu que vous ne soyez ni trop délicat, ni trop difficile.

Dans un coin d'une pièce avoisinante se trouve le magasin des escarbilles. Ce sont des résidus de charbon ou de coke, ramassés chaque jour par M. Myionnet lui-même au bas de tous les vieux poêles de la maison.

Que de pauvres gens sont encore trop heureux, en hiver, d'employer ces restes pour entretenir tout le jour les feux de chambre, là surtout où les malades, les vieillards et les petits enfants succomberaient sous le froid et la neige !

Vous dirai-je que ces escarbilles avaient un immense succès, si bien que l'on faisait queue le matin pour en avoir un sac? A côté de ces combustibles gisait tout un approvisionnement de vieilles chaussures, récoltées çà et là et qui faisaient encore le bonheur des mamans.

Au milieu, un vestiaire, vêtements d'hiver et d'été, vieux parapluies et ombrelles, chapeaux d'hommes en tous genres, rubans et fleurs pour dames ; pantalons et chemises, assortiment complet.

Où le père Myionnet trouvait-il tout cela ?

Ce n'est pas en quêtant, il a avoué souvent qu'il saurait mal s'y prendre, mais quelle délicatesse exquise pour recevoir ! On savait ses besoins qui étaient ceux des pauvres et bien des gens du monde apportaient discrètement ce don en nature toujours aussi utile que joyeusement reçu !

N'oublions pas la bibliothèque, installée dans le même bureau. Les soirées sont si longues, l'hiver, pour les ouvriers sans ouvrage, et le livre est un si bon compagnon pour le malade seul tout le jour.

Souvent des hommes d'œuvres, plus jeunes que M. Myionnet, souriaient de la rusticité de ses moyens et plaisantaient le saint homme qui ne manquait pas alors de répliquer en toute charité :

« Ces petits moyens cachent de grandes grâces que vos progrès modernes ne possèdent pas toujours.

« Les moyens simples seront toujours les meilleurs, car où il y a moins de l'homme il y a plus de Dieu ! »

Toujours est-il que ces moyens, petits ou grands, simples en réalité, produisaient des merveilles.

Le bureau du père Myionnet était connu dans les quartiers des Morillons, de Plaisance, de Vaugirard et de Montrouge.

Il s'ouvrait à jours et à heures fixes. Dans ce tête-à-tête avec les pauvres, à propos d'un sac d'escarbilles ou d'une paire de savates, M. Myionnet donnait Dieu. Il apprenait que les gens n'étaient pas mariés, les enfants pas baptisés. Il savait qu'un tel était malade, qu'un telle n'avait pas fait ses pâques depuis soixante ans, et le reste.

Il invitait à venir aux réunions de la Sainte-Famille où l'on racontait des histoires, où tout le monde chantait, où il y avait une loterie à laquelle tous avaient des bons numéros.

Enfin pour compléter son œuvre, après avoir créé un patronage spécial pour les enfants, M. Myionnet eut l'idée d'une réunion pour les mères de famille, si ignorantes aujourd'hui de leurs devoirs les plus essentiels. Il y aurait pour elles un enseignement toujours à leur portée et toujours agréable à entendre. Cette œuvre en appelait une pareille pour les hommes et M. Myionnet l'institua le dimanche.

Si nous avons énuméré ces œuvres que chacun connaît, c'est pour montrer le lien qui les rattache à cette visite si fructueuse des pauvres gens.

Il est si naturel que si vous allez les voir, ils viennent vous voir aussi. Vous deviendrez ainsi des amis ; et qui dira les merveilles de grâces, que dis-je, les effusions de bonheur qui découleront de cette rencontre du riche et du pauvre, si désirée de Dieu?

Daigne le Seigneur multiplier les « *bureaux Myionnet* » où rien ne sentira l'administration et le confortable, où tout parlera du bon Dieu et de la charité. Vous pouvez donner moins qu'à l'Assistance publique et à la mairie, on viendra à vous quand même si l'on sait que vous ne vous lassez pas d'écouter celui qui souffre, de conseiller celui qui s'égare, surtout si vous avez le grand savoir qui consiste moins à donner beaucoup qu'à donner peu en le donnant bien.

La journée de charité terminée pour M. Myionnet, il retrouvait ses frères à la chapelle, où l'office de la Sainte Vierge était psalmodié. Puis, il allait à la lecture spirituelle, et, selon l'usage des communautés, ce vrai juste s'accusait lui-même, à la coulpe, des moindres actes qu'il croyait moins parfaits, ne s'apercevant pas qu'il révélait sans cesse la grande perfection de sa vie religieuse.

Quand venait l'heure de la prière et du coucher, M. Myionnet regagnait son étroite cellule, et se souvenant de certains démons qui ne se chassent que par la pénitence, il châtiait son corps par la discipline « afin qu'après avoir prêché aux autres, disait-il, il ne soit pas lui-même réprouvé ».

On ne s'étonnera plus que Dieu ait donné des âmes à cet apôtre. Goûtons l'original récit des nouvelles conquêtes du bon M. Myionnet.

IV

CHIFFONNIER COMMUNARD

Depuis que la soutane avait conquis son droit d'entrée dans la cité Brancion, M. Myionnet ne manquait pas d'y conduire son jeune compagnon presque tous les dimanches.

Dès qu'ils arrivaient, on se le disait, du haut en bas des baraques, et l'on se trouvait tout à fait en famille.

Les enfants recevaient des médailles, les gardaient autour de leur cou; plusieurs commençaient à prier la Sainte Vierge; et bien des indigènes de la cité devenaient membres de la Sainte-Famille. Leur science du catéchisme venait lentement et certaines têtes demeuraient rebelles surtout sur le chapitre de la Messe. J'entends encore un colloque entre M. Myionnet et une brave chiffonnière : «Vous m'aviez pourtant bien promis de venir à la messe dimanche dernier et vous l'avez encore manquée. — Mais j'y étais, monsieur Myionnet, même que vous avez tapé sur la joue de mon petit Michel en disant qu'il était bien sage. — Ma brave dame, c'était le soir à huit heures. — Ah ! monsieur Myionnet, nous ne pouvons aller qu'à cette messe-là, le matin « j'avons pas le temps ». Malgré l'ignorance, la bonne volonté était grande et l'on ne serait pas mort sans sacrements.

Peu à peu, certains maîtres chiffonniers paraissaient aussi moins hostiles. Plusieurs vieux retraités sortaient sur le pas de leurs cabanes à l'arrivée des missionnaires et, tout en fumant la pipe, ils s'intéressaient à tout ce qui se passait sous leurs yeux. On commençait à signaler les malades et toujours la parole du bon Dieu produisait quelque fruit.

Il n'y avait, après plusieurs semaines, qu'une seule cabane toujours fermée à l'influence céleste.

Au-dessus de la porte d'entrée, une grosse marianne, en bonnet phrygien, semblait se croire chez elle, et ses yeux colorés ressemblaient à ceux d'un dogue qui défend son maître.

Effectivement c'était la demeure d'un vieux célibataire coupable de tous les crimes. Ce malheureux ne croyait à rien, n'était pas baptisé, et n'avait regardé un prêtre qu'au bout de son fusil, sous la Commune, quand il accompagnait ceux qui voulaient tuer tous les curés. Chez lui, c'était une conviction que tout ce qui est prêtre « c'est de la mauvaise graine » dont il faut purifier la terre, et, s'il l'avait osé, il aurait une fois de plus déchargé son revolver sur ce jeune curé qui venait insolemment le braver par sa présence jusque dans la cour de sa maison.

Ah ! il avait bien une tête de communard, ce pauvre monstre humain tout écumant de rage et de haine contre ce qu'il ne connaissait pas. Il était craint dans la cité Brancion dont il ne sortait plus. Ses co-chiffonniers, avec l'esprit partageux qui les caractérise, le prenaient aussi en pitié. On lui réservait les meilleurs restes de cigares ramassés dans les cafés ; l'une lui apportait la soupe, une autre de la saucisse, lui-même apprêtait son café avec du vieux marc également rapporté dans les hottes, et celui-là était son ami qui mettait le comble à la bonté en lui payant un verre de goutte bien corsée.

Pour lui laisser l'illusion de son cher métier, sa cabane, large de quelques pieds, n'avait pour tout meuble que deux monceaux de chiffons. Il s'y endormait comme dans son élément, réchauffé par deux gros chats laids et sales comme leur infortuné maître.

S'il ne pouvait dormir, il allumait une vieille lampe à pétrole et lisait les chroniques révolutionnaires qui l'entretenaient dans la haine de la religion et de ses ministres.

Donc, avec ce forcené, humainement parlant, il n'y avait rien à faire. Aussi bien l'habitude s'était prise de ne plus croire à sa conversion et de ne plus faire attention à ce cerbère ni à ses jurons.

Mais voilà qu'un beau dimanche, à l'heure habituelle où M. Myionnet apparaissait dans la cour, toujours escorté de l'abbé, toutes les femmes arrivent au-devant d'eux l'air affolé. Elles parlaient toutes ensemble, si bien que pas un mot ne se pouvait comprendre.

A force d'explications et surtout après un peu de silence, M. Myionnet saisit qu'il s'agissait du communard. La nuit précédente, il s'était endormi sans éteindre sa lampe. Le pétrole, après s'être répandu sur les chiffons, y avait mis le feu et le brave homme, réveillé en sursaut, ne s'était sauvé de l'incendie qu'en cassant les carreaux de sa cabane et en retournant à la hâte le paquet de chiffons qui avait ainsi cessé de brûler.

Par malheur aucun des voisins ne l'avait entendu ; et, le matin seulement vers deux heures, quand les chiffonniers partaient pour les rues, on lui avait trouvé quelques onguents pour panser son pauvre corps qui n'était plus qu'une plaie. Enfin lui qui n'aimait pas les prêtres, adorait ses deux chats ; et, pour comble d'infortune, ils étaient rôtis comme des poulets, ce qui avait amené une crise de désespoir et menaçait d'avancer sa mort.

Ce fut sur ces entrefaites qu'arrivèrent les deux « visiteurs » admis comme père et fils dans la cité Brancion.

M. Myionnet presse le pas, va droit à la cabane, au rez-de-chaussée à droite, entre doucement et fait signe à l'abbé de rester à la porte et de prier.

Que s'est-il passé entre ce précurseur du Christ, cet autre Jean-Baptiste, et ce malheureux chiffonnier communard, c'est le secret des anges qui seuls ont été les heureux témoins d'un miracle de grâce et de charité. A travers la porte on entrevoyait seulement que M. Myionnet traitait ce moribond comme l'aurait fait le bon Samaritain.

La charité du Christ débordait de toute sa personne et la bonne odeur des vertus de Jésus-Christ commençait à purifier ce vase d'iniquité pour le transformer en vase d'élection.

Cette entrevue suprême dura bien un quart d'heure. Puis M. Myionnet fit signe à l'abbé d'entrer. Celui-ci tendit à l'ennemi du prêtre sa cordiale poignée de main; il sentit l'autre main, malgré les brûlures, la serrer avec bonheur, tandis que deux grosses larmes brillaient comme deux perles sur ce visage déjà carbonisé par le feu.

Quelques mots entrecoupés expliquaient tout. Il était assez excusable, cet énergumène. Dès sa jeunesse le prêtre lui avait été présenté comme un ennemi, jamais un cœur plein de Dieu n'avait débordé dans le sien, jamais une main chrétienne n'avait serré la sienne en amie ; il venait de sentir l'amour divinisé en approchant du père Myionnet, et le toucher du jeune novice n'était que le prélude de cette touche divine qui allait bientôt lui donner un instant de joie sur terre pour préparer son éternel bonheur.

La conversion était proche. Il fallait apprendre à cet ouvrier de la onzième heure, l'essentiel des vérités que la charité venait de lui faire goûter. M. Myionnet ne le quitta pour ainsi dire pas durant plusieurs jours.

Un soir, comme l'humble religieux se rendait au réfectoire avec ses frères, on vint lui annoncer que l'ex-communard était au plus bas et voulait un prêtre. Il s'en trouvait un tout près ; M. Myionnet l'accompagne. Le chiffonnier reçoit le baptême, sans que le temps permît d'autre sacrement que celui qui devait l'introduire le jour même dans le Paradis auquel il n'avait cru qu'au moment d'y entrer.

JEAN-LÉON LE PRÉVOST

Prêtre, Fondateur et premier Supérieur des Frères de Saint-Vincent de Paul (1802-1874).

V

SOUVENIRS D'UN BERCEAU

Tout en cheminant dans le quartier des Morillons, dès la dernière dizaine de chapelet, M. Myionnet racontait volontiers ses souvenirs sur les origines de la Congrégation des Frères de Saint-Vincent de Paul dont il avait été le premier membre. Rien ne lui était plus cher que ce berceau.

Ces souvenirs ayant été écrits par M. Myionnet lui-même, nous sommes trop heureux de le citer textuellement :

« Mgr Angebault, évêque d'Angers, me dit un jour de chercher autour de moi si quelques jeunes gens ne viendraient pas s'adjoindre à moi pour commencer une communauté consacrée aux œuvres.

« A cette proposition, je lui fis connaître

mon embarras. « Monseigneur, lui dis-
« je, vous ne connaissez pas mon incapa-
« cité pour conduire une pareille œuvre.
« Le bon Dieu ne m'a rien donné de ce
« qui est nécessaire pour cela. Je pour-
« rais peut-être aider quelqu'un ; mais
« pour conduire moi-même, impossible. »
Monseigneur me fit cette réponse que je
n'oublierai jamais : « Les œuvres de Dieu
« ne sont pas comme les œuvres des hom-
« mes. Quand un architecte veut cons-
« truire une maison, il fait ses plans à
« l'avance, et se rend compte de tout, avant
« de rien commencer et il fait bien. C'est
« son œuvre : la prudence le demande.
« Mais dans les œuvres de Dieu, il n'en
« est pas de même. C'est Lui qui est l'ar-
« tiste ; nous ne sommes que les instru-
« ments. *Soyez comme la pierre que le*
« *voyageur rencontre sur sa route et qu'il*
« *pousse avec le pied. Elle ne s'inquiète*
« *pas de rouler à droite ou à gauche :*
« *peu lui importe.* »

« Ces paroles allaient si bien à mon âme! Elles étaient si à propos qu'elles furent pour moi comme une révélation. Cette hésitation dans laquelle j'étais depuis bien des années sur le choix de l'état religieux que je devais embrasser cessa complètement. Ma confiance en Dieu devint si grande qu'à partir de ce moment, je ne doutai plus de l'existence future de notre Communauté.

« A mesure que nous avancions, Monseigneur exigeait de moi davantage dans la vie spirituelle : lever à quatre heures et demie, assistance à la messe à cinq heures, la communion fréquente, la récitation du petit office de la Sainte Vierge, la mortification.

« Il me demandait de temps en temps si je trouvais quelques associés. Ma réponse était toujours : Personne! Pour être trappiste, frère de Saint-Jean de Dieu, bénédictin, j'en avais trouvé quelques-uns, mais pour commencer une congrégation qui n'existait pas encore, absolument personne.

« Je restai ainsi cinq ou six mois sous la direction de Monseigneur cherchant toujours, mais inutilement.

« Il semblait tout naturel que Mgr Angebault désirât voir naître et se développer sous sa direction cette congrégation spécialement vouée à l'amélioration de la classe ouvrière : car il avait compris tout le bien qu'elle pouvait faire et il avait été confirmé dans cette pensée par les avis de Mgr Régnier et du P. Chaignon. Mais Dieu en avait décidé autrement. Elle devait naître et se développer à Paris. Il s'était choisi un homm à qui il devait confier cette mission. Cet homme était M. Le Prévost, un des fondateurs de la Société de Saint-Vincent de Paul. Un jour qu'il méditait au pied de la châsse de saint Vincent de Paul et lui demandait par quel moyen il pourrait arriver à faire rentrer la foi dans le cœur du peuple, il en eut comme une révélation. Il ne m'a pas dit une révélation, mais une forte inspiration de la formation de notre Communauté.

« Ces deux hommes, Mgr Angebault et M. Le Prévost, avaient chacun de leur côté admirablement compris toute l'importance de la fondation d'une pareille congrégation, le ministère qu'elle aurait à remplir auprès de la classe ouvrière et la manière dont elle devait le remplir. Ces deux hommes représentaient déjà dans la conception de l'Œuvre les deux éléments qui devaient être les deux principes constitutifs de son existence : l'élément ecclésiastique et l'élément laïque, ainsi que la subordination qui devait réunir l'un à l'autre. Mais ces deux hommes ne se connaissaient aucunement et demeuraient à quatre-vingts lieues de distance. Il fallait, pour qu'ils donnassent vie et mouvement à ce nouvel institut, qu'ils entrassent en communication.

« C'est de moi, quoique indigne, que

Dieu a voulu se servir pour opérer cette réunion. Comme Monseigneur me l'avait si bien dit, j'ai été cette pierre qui devait se laisser rouler. C'est lui-même qui l'a lancée sur Paris, où elle est venue s'arrêter au pied de la châsse de saint Vincent de Paul où l'attendait M. Le Prévost. C'est cette même pierre que, quelques mois plus tard, M. Le Prévost jetait dans les fondations de notre Congrégation, et, le 3 mars 1845, Monseigneur devait venir voir lui-même d'Angers pour bénir tout à la fois la pierre et l'ouvrier.

« Voici comment je vins chercher à Paris celui que Dieu destinait à être Fondateur de notre Communauté :

« Dans une de mes visites à Monseigneur, je lui dis : « Toutes mes recherches sont « infructueuses, permettez-moi, je vous « prie, Monseigneur, d'aller à Paris. Je « dois trouver dans cette grande ville « quelqu'un qui a la même pensée que « moi, j'en ai l'intime conviction. » Je ne savais cependant en aucune façon que M. Le Prévost fut travaillé par Dieu de la même pensée. Monseigneur, voyant bien qu'il n'y avait aucun espoir de réaliser quelque chose à Angers, consentit à mon départ. Dès ce moment, je pris toutes mes dispositions pour partir.

« Je priai un de mes amis de s'informer à Paris si, parmi les confrères de Saint-Vincent de Paul, il ne s'en trouvait pas qui eussent la même pensée que moi. Vers le mois de juin 1844, il m'écrivait de Paris : « Bonne nouvelle, M. Le Prévost, « président de la Société de Saint-Vincent « de Paul, et M. de Baudicourt désirent « voir se réaliser ce que nous proje-« tons. Venez me trouver à Paris. J'ai des « détails très intéressants à vous commu-« niquer. Vous pourriez voir ces Mes-« sieurs et vous entendre. »

« Nouveau motif de hâter mon départ.

« Monseigneur me dit : « Vous ferez bien « d'aller voir le curé de Notre-Dame-des-

« Victoires et le frère Philippe, supérieur « général des Frères des écoles chré- « tiennes. Vous leur parlerez du projet « qui vous amène à Paris et leur deman- « derez leur avis; ne vous donnez pas à « tout le monde. Vous trouverez des « hommes qui discourent beaucoup et « font des projets superbes ; mais quand « arrive le moment de l'exécution, il n'y « a plus personne. »

« C'est muni et fortifié par de pareils conseils que je partis d'Angers pour me rendre à Paris. Arrivé dans cette ville, je me fis conduire à l'hôtel, rue Neuve-des-Bons-Enfants. Je ne fis que d'y déposer ma malle et me rendis à Notre-Dame-des-Victoires, pour remercier Dieu de mon heureux voyage et mettre sous la protection de Marie tout ce qui me restait à faire.

« Je me dirigeai ensuite vers l'hôpital de la clinique où devait se trouver mon ami Régnier.

« Vous arrivez juste à temps, me dit-il

« en m'abordant. Nous n'avons que peu « de temps à causer ensemble. Je pars « demain matin ; mais j'ai des renseigne- « ments très précieux à vous communi- « quer. Nous ne sommes pas seuls à pen- « ser à notre projet. M. Le Prévost et « M. de Baudicourt s'en sont ouverts a « moi; voici comment : Je suis allé au « conseil de tous les présidents des con- « férences de Paris. M. Le Prévost qui n'y « va presque jamais s'y trouvait ce jour- « là. M. Gossin, président général, me « demanda comme membre des confé- « rences de province, si j'avais quel- « ques communications intéressantes à « faire au Conseil. Je fis part à ces Mes- « sieurs de la pensée qui nous occu- « pait.

« La séance terminée, je me retirais « comme tout le monde, lorsque M. Le « Prévost, que je n'avais pas l'avantage de « connaître, m'aborda en me disant: « Vous venez d'émettre une pensée qui me

« préoccupe depuis longtemps et que je « désire ardemment voir se réaliser. »

« Avant de poursuivre ce récit, je ferai remarquer combien il est évident que Dieu me conduisait comme par la main.

« Monseigneur m'avait dit : « Ne vous « arrêtez pas pour satisfaire votre curio- « sité. » Outre les trois jours que la bienséance me demandait de passer dans ma famille, je ne crois pas avoir perdu un quart d'heure. Et il est à remarquer que si j'étais arrivé à Paris une demi-heure plus tard, j'aurais été privé des renseignements si importants que Régnier venait de me communiquer. Ces renseignements me soutinrent dans les moments de trouble et de ténèbres qui survinrent plus tard comme nous allons le voir.

« Je passai deux jours à me promener. Le troisième jour, mécontent de moi-même, je n'y tenais plus. Je quittai ce quartier trop bruyant pour en venir habiter un autre plus tranquille et plus rapproché des ecclésiastiques auxquels j'avais été recommandé. Je pris domicile à l'hôtel des Missions-Etrangères, rue du Bac. Ma première course fut d'aller voir M. Le Prévost, rue du Cherche-Midi, n° 75. Il était en vacances pour quinze jours ou trois semaines. Je pris le parti de l'attendre. Je passai ces quinze jours à l'hôtel, dans une petite chambre mansardée où personne ne pouvait venir me trouver : je ne voyais que le ciel et les toits des maisons voisines. Là, je partageais mon temps entre la prière, la méditation et le travail. Je lisais les livres que Monseigneur m'avait dit d'emporter et je prenais des notes. Mes sorties se bornaient à aller à la messe, le matin ; à faire une visite au Saint-Sacrement, le soir, dans l'église des Missions, et à prendre un peu l'air, sur le boulevard des Invalides.

« J'allais souvent voir si M. Le Prévost

n'était pas bientôt arrivé. A Paris depuis le 24 août, je commençais à m'ennuyer d'attendre : le diable me poussait à m'en aller. M. Le Prévost ne devait revenir que le 15 septembre. Il fallait encore attendre sept ou huit jours : c'était bien long. Le 8 septembre, je vais à l'office du soir à l'archiconfrérie, à l'occasion de la fête de la Nativité. J'y entends recommander un grand nombre de bonnes œuvres. Le lendemain, il me vint la pensée d'y aller recommander l'œuvre à laquelle je pensais et de m'y faire inscrire moi-même. J'étais inquiet, troublé : je trouvais que les choses ne marchaient pas. Après la messe, je vais trouver le vénérable curé, M. Desgenettes. Il me fait entrer dans son cabinet vitré, près de la porte de la sacristie, et me recommande de ne pas être trop long. Cette réception, à laquelle j'étais loin de m'attendre de la part de ce vénérable vieillard, me déconcerta. Je m'expliquai probablement mal. Toujours est-il qu'il ne me donna aucune parole d'encouragement. Je sortis d'auprès de lui plus troublé qu'auparavant. J'allai me prosterner aux pieds de la Sainte Vierge, la priant de me consoler et de me soutenir dans l'épreuve.

« En sortant de Notre-Dame-des-Victoires, j'allai voir le Frère Philippe. J'eus de la peine à lui parler. Son abord fut froid. Je vis bien que je venais le déranger d'occupations sérieuses et qu'il avait peu de temps à me donner. Je lui adressai aussi brièvement que possible les questions qui m'avaient été indiquées par Monseigneur. Il me répondit que leur vocation était spécialement l'instruction des enfants du peuple. Il ajouta qu'ils ne pouvaient pas penser à autre chose, trouvant toujours le moyen d'occuper leurs nouveaux sujets dans les services si multipliés d'une grande communauté.

« Je sortis de chez lui encore plus déconcerté. Les paroles que je venais d'entendre, de la part d'hommes desquels je n'attendais que des encouragements, jetèrent le trouble dans mon âme.

« Tu n'es qu'un maladroit, me dis-je à « moi-même. Tu ne sais pas t'exprimer, « tu n'es aucunement propre à la mission « dont tu te crois chargé. Tu ferais bien « mieux d'entrer dans une communauté « déjà formée que de vouloir en faire une « nouvelle. »

« Je restai encore deux ou trois jours poursuivi de cette pensée que je ferais mieux de partir. Je ne voulais cependant pas le faire sans aller une cinquième fo. frapper à la porte de M. Le Prévost, pour demander s'il n'allait pas bientôt revenir. « Nous l'attendons aujourd'hui même, « me fut-il répondu. Demain vous pour- « rez le voir. »

On m'avait donné le signalement de M. Le Prévost et indiqué comment je pourrais le reconnaître.

« M. Le Prévost, m'avait-on dit, est pe-
« tit, maigre, boiteux ; il marche avec une « canne ; il assiste tous les jours à la « messe, à la chapelle des Lazaristes, à « sept heures ; il communie tous les jours « et reste à la messe de sept heures et « demie pour faire son action de grâces. »

« A partir du jour où ces renseignements me furent donnés, je ne manquai pas d'aller à la messe chez les Lazaristes.

« En effet, comme le concierge me l'avait indiqué, je vis venir à la chapelle un Monsieur tel qu'on me l'avait dépeint.

« La seconde messe terminée, il se retire. Je le suis et l'aborde en lui demandant à l'entretenir d'une affaire importante. Il m'emmène chez lui, où nous nous communiquâmes l'un et l'autre nos pensées.

« C'est là que cette grosse pierre, lancée d'Angers vers Paris par Mgr Angebault, pour y recevoir sa destination, est venue s'arrêter au pied de la châsse de saint Vincent de Paul, auprès de celui qui devait la mettre en place, quoique nous fussions inconnus l'un à l'autre.

« Dans les questions qu'il m'adressa j'ai remarqué une grande prudence, un grand abandon à la volonté de Dieu, une grande foi dans la prière. Plusieurs de ses questions se rapprochaient de celles que Monseigneur m'avait adressées lors de ma première visite.

« Entre autres je me souviens de celles-ci : « D'où vous est venue cette pensée ?...
« Pourquoi vous adressez-vous à moi plu-
« tôt qu'à un autre ?... »

« Il me demanda aussi si j'avais pensé aux trois vœux de pauvreté, de chasteté, d'obéissance et aux sacrifices qu'ils demandaient.

« Nous trouvant parfaitement d'accord sur tous les points, nous en fûmes émerveillés tous les deux et demeurâmes convaincus que la Providence nous avait conduits l'un vers l'autre.

« Nous n'avions plus qu'à étudier le moment opportun pour nous mettre à l'œuvre.

« Il me demanda si j'étais disponible. Je l'étais, à la rigueur ; mais il était convenable que j'avertisse mes frères, dans la maison de commerce desquels je travaillais. Pourvoir à mon remplacement demandait bien trois ou quatre mois. Nous convînmes de nous écrire souvent. Je le quittai, le cœur bien plus satisfait que la veille. Je repris la route d'Angers et me hâtai d'aller annoncer la bonne nouvelle à Monseigneur.

« Mgr Angebault écouta avec attention tout le récit de mon voyage et me demanda les notes que j'avais prises ainsi que mon petit journal.

« Ensuite je continuai d'aller le voir tous les huit jours. Je lui portais les lettres de M. Le Prévost : elles lui apprenaient à le connaître.

« Trois mois s'écoulèrent de la sorte, lorsque M. Le Prévost m'écrivit de venir à Paris, parce que les circonstances lui paraissaient favorables pour nous mettre à l'œuvre.

« Les Frères des écoles chrétiennes qui dirigeaient le patronage de la rue Saint-Etienne-du-Mont demandaient à se retirer à cause des difficultés qu'ils rencontraient dans la visite des ateliers, avec leur habit religieux.

« Ici je me rappelle une question que me fit un jour mon confesseur (1) : comment et quand nous avions pris la détermination de garder l'habit laïque ?

« Je ne me rappelle pas que la chose ait été mise en délibération. Elle s'est tellement présentée d'elle-même que nous n'avons même pas pensé à faire autrement.

« La Providence semblait nous avoir ménagé cette circonstance pour commencer sans bruit et sans frais, puisqu'une maison tout entière nous était offerte

(1) M. Chaverot.

pour nous loger. Monseigneur, voyant que la volonté de Dieu se manifestait si visiblement dans l'ensemble de toutes ces circonstances, me donna permission de partir.

« J'écoutai avec respect ses derniers conseils et reçus sa bénédiction. Quelques jours après, je faisais mes adieux à ma famille et je partais pour Paris où j'arrivais à quatre heures du matin. Je descendis à l'hôtel des Missions-Etrangères et me rendis à la messe de sept heures, à la chapelle des Lazaristes. J'y trouvai M. Le Prévost. En sortant de la messe, nous entrâmes dans un petit parloir où nous nous embrassâmes avec effusion. Je lui dis que le grand sacrifice était fait, que j'étais tout à lui et pour toujours.

« De là, il me conduisit à la Bibliothèque de la Sainte-Famille, rue de Bagneux, où il me mit à l'ouvrage. Je fis là connaissance avec plusieurs jeunes gens qui, comme lui, consacraient tout leur temps libre aux œuvres de charité. Il s'en trouvait parmi eux qui devaient avec moi offrir à Dieu leur vie tout entière.

« Je restai ainsi cinq ou six semaines attendant que les travaux d'appropriation de la maison qui nous était destinée, rue du Regard, n° 16, fussent terminés. Enfin le 1er mars fut fixé pour notre entrée en fonctions comme directeurs du patronage et en même temps pour commencer véritablement la vie de communauté. Nous convînmes que les quatre derniers jours seraient plus particulièrement consacrés à la prière et, à cet effet, nous devions nous rassembler pendant ces quatre jours le soir pour prier, faire une lecture de piété et écouter une petite exhortation de M. Le Prévost, qui, encore engagé dans les liens du mariage, ne pouvait que nous diriger.

« Le premier jour de cette petite retraite, si toutefois on peut appeler cela une retraite, nous nous trouvâmes quatre seulement; le deuxième jour, trois; le troisième et le quatrième, deux.

« Le 1er mars, qui était un samedi, fut consacré à nous installer et à préparer la journée du lendemain.

« Le lendemain, c'était le premier jour du patronage : jour que je redoutais plus que je ne le désirais. Je n'aimais ni les enfants ni leur tapage; mais j'étais en communauté et je n'y étais pas venu pour faire les choses de mon goût, mais ce que le bon Dieu me donnerait à faire. La journée se passa péniblement; mais enfin elle se passa. Quelle journée! Quel désordre! Quels gamins que ces petits Parisiens!

« C'est au moment où j'étais attristé par ces pensées que Dieu voulut m'éprouver jusqu'au bout et s'assurer si j'étais bien tout à lui. Il voulait aussi m'apprendre que lorsqu'on travaille pour lui, il ne faut pas compter sur le secours des hommes et que, si ceux-ci nous manquent, c'est à lui qu'il faut avoir recours.

« A ce moment, dis-je, il m'envoya la plus forte de toutes les épreuves que j'avais eues à subir. M. G..., mon collaborateur, le dernier des quatre qui avaient commencé la retraite, vint m'avertir qu'il allait consulter son confesseur et qu'il ne reviendrait pas coucher : je compris. Dieu, qui connaissait ma faiblesse, m'avait laissé ces compagnons pour me faire franchir le seuil de la porte ; mais, une fois entré, il m'enlève cet appui humain pour me faire comprendre que toute ma confiance doit être en lui. Il me laissait M. Le Prévost pour guide mais non pour compagnon, puisqu'il était retenu dans le monde pour un temps indéterminé.

« Sans être découragé, je ne pouvais m'empêcher d'être triste. M. Le Prévost s'en aperçut en arrivant. Il venait tous les soirs vers six ou sept heures pour faire la lecture spirituelle. Je lui racontai comment la journée s'était passée et particulièrement le départ de M. G...

« Faisons, me dit-il, notre lecture spi-« rituelle dans l'*Imitation*, nous allons y « trouver notre consolation. » Je ne me rappelle plus quel est le chapitre que nous avons lu. Ce qu'il y a de certain, c'est que nous y avons trouvé le réconfort spirituel dont nous avions besoin dans le moment.

« M. Le Prévost chercha ensuite à relever mon courage. « Ne craignez pas, lui « répondis-je, je suis triste, mais non dé-« couragé. Je ne quitterai pas le poste « que vous m'avez confié. Je le crois au-« dessus de mes forces ; mais qu'importe ! « j'y suis venu par obéissance, je me re-« tirerai de même. Si je fais mal, vous « voudrez bien m'en avertir.

« — Eh bien ! cher ami, me dit-il, si le « bon Dieu vous a soumis à une grande « épreuve aujourd'hui, dans sa bonté il « vous a ménagé aussi une grande faveur. « Mgr Angebault est ici. Il viendra de-« main matin nous dire la messe à la

« chapelle des Lazaristes. Il bénira notre « pauvre petite communauté naissante. « Il viendra bénir son berceau, notre « maison. Il faut avertir M. G... Ce qu'il « vient de faire ne peut pas être sérieux.»

«Le lendemain matin à sept heures, j'étais à la chapelle des Lazaristes. M. Le Prévost s'y trouva ; mais M. G... n'y vint pas. Un jeune homme, ami de M. Le Prévost, s'y trouva à sa place. Ce jeune homme était M. Maignen, qui, dix-huit mois plus tard, fut le premier qui vint s'adjoindre à nous. M. Maignen, qui connaissait notre projet, gardait bien un très vif désir de faire partie de ce que nous appelions déjà notre communauté ; mais des raisons majeures l'empêchaient de le réaliser pour le moment et en laissaient, même pour l'avenir, la réalisation bien incertaine.

«Par une faveur insigne, la châsse de saint Vincent de Paul fut découverte exprès pour nous. Monseigneur dit la messe pour notre petite communauté. Après la messe, il nous fit venir et nous adressa quelques paroles toutes bonnes, toutes paternelles et nous donna sa bénédiction. « Non seulement je vous bénis, dit-il, mais « je veux aussi bénir votre maison. » Nous le conduisîmes rue du Regard, n° 16, où, après quelques mots chaleureux et aimables qui sortaient de l'abondance de son cœur, nous comparant au petit grain de sénevé, il nous laissa pour bouquet spirituel ces deux mots : courage et persévérance.

« Monseigneur nous laissa tout embaumés de ses saintes paroles, pleins de confiance dans l'avenir, attendant, dans la petitesse et dans l'ombre, que Dieu donnât l'accroissement au petit grain de sénevé.

« C'est du jour où notre petite communauté fut bénie par Mgr Angebault, évêque d'Angers, que date le commencement de sa fondation. C'était le 3 mars 1845 (1). »

(1) Le touchant récit qu'on vient de lire a été écrit par M. Myionnet lui même ; et c'est à peu près dans les mêmes termes qu'il le raconta au jeune abbé, compagnon de ses courses apostoliques.

VI

L'ORPHÉLIN MORIBOND

Au moment de partir en visites de pauvres un certain dimanche, M. Myionnet recommande à son compagnon de prier pour la conversion d'un ancien orphelin qui se mourait dans le quartier.

En disant ces mots, il lui fit remarquer la statue de saint Joseph, élevée sur des restes d'obus devant la grande façade de l'orphelinat actuel de Vaugirard.

Cette statue est un ex-voto au Père nourricier de Jésus qui a nourri et protégé les orphelins et la Communauté pendant la guerre et la Commune (1870-71).

Tout en continuant la route, M. Myionnet rappelle que cette grande construction où logent actuellement nos trois cents orphelins a été obtenue par leurs prières. L'aumônier d'alors recommandait aux enfants de demander à la Sainte Vierge une maison et un Saint.

L'une et l'autre sont arrivés ensemble quand le marquis Olivier Urvoy de Saint-Bedan est devenu frère de Saint-Vincent de Paul. Il a donné son patrimoine pour construire l'Orphelinat, et, au dire de tous ceux qui l'ont connu, il a laissé dans la Communauté le parfum des plus merveilleuses vertus.

« N'allez pas croire, ajouta M. Myionnet, que l'on ait toujours été logé aussi bien que maintenant.

« Voici comment l'orphelinat a commencé :

« M. Le Prévost songea à fonder un orphelinat, comme une petite colonie pour la formation de nos novices. Des jeunes militaires qui nous arrivaient sans instruction suffisante ne pouvaient être envoyés de suite dans les œuvres. Il fallait les former peu à peu sous nos yeux au gouvernement des enfants. Il nous fallait aussi apprendre à les connaître. Mais la difficulté était de commencer cette nouvelle œuvre. L'argent, comme toujours, était rare chez nous. La Providence y pourvut et nous donna une fois de plus une marque visible de sa protection.

« Mme Keller, mère du sénateur, assura le paiement du loyer de la maison que nous trouverions à Paris pour la fondation de notre orphelinat.

« Nous nous mettons en route, M. Le Prévost de son côté, moi du mien.

« M. Le Prévost trouva presque de suite une grande et vaste maison avec un grand jardin, rue de l'Arbalète, 39. Le loyer était tout trouvé ; mais meubler la maison était une autre affaire. M. Le Prévost acheta chez un brocanteur les meubles les plus indispensables.

« Le 8 janvier 1851, M. Le Prévost me dit en sortant de déjeuner : « Monsieur Myion-

« net, vous allez vous installer à la rue de « l'Arbalète. Vous prendrez avec vous le « frère François. Vous emporterez vos « draps, et vous trouverez là-bas deux lits « que vous monterez dans telle et telle « chambre. Voici 25 francs pour acheter « votre batterie de cuisine et pourvoir à « votre nourriture. D'ici deux ou trois « jours, je vous enverrai quelques en- « fants. M. François leur fera la classe et « vous vous occuperez de l'installation « générale de la maison. » Les préparatifs de départ ne furent pas longs. Dix minutes après, nous partions avec la bénédiction de notre Père et notre petit paquet sous le bras. Nous arrivâmes rue de l'Arbalète, 39, dans une grande maison où nous trouvâmes de quoi nous occuper pour nous préparer à recevoir les premiers orphelins que le Bon Dieu nous enverrait.

« Je ne me souviens pas quel fut notre premier repas. Il se composa sans doute de pain et de fromage, car nous ne trouvâmes absolument rien pour nous préparer à manger. Il y avait bien un grand fourneau où l'on pouvait faire la soupe pour 150 personnes ; mais nous n'avions ni bois, ni charbon.

« Nous commençâmes par acheter un petit poêle en fonte de six francs, quelques mètres de tuyaux, deux casseroles, deux assiettes, deux fourchettes, un peu de charbon de terre, des œufs, des pommes de terre et quelques légumes. Telles furent nos premières dépenses. Avec 25 francs, il ne fallait pas y aller trop largement. Le lendemain, nous étions un peu mieux à notre affaire, nous pûmes mettre le pot-au-feu. Le troisième jour, M. Le Prévost vint nous voir, nous amenant deux petits orphelins, tous les deux frères, Henri et Edouard P. « La pension « de l'aîné, Henri, me dit-il, sera payée par « le Bon Dieu, afin d'attirer sa bénédic« tion sur l'orphelinat ; il aura le n° 1. La

« pension d'Edouard, qui aura le n° 2, « sera payée par M. X... »

« Après avoir visité la maison, et m'avoir dit ce qu'il y avait à faire, il s'en alla, en me laissant encore 25 francs, pensant bien que des premiers 25 francs, il ne devait pas me rester de quoi nourrir quatre personnes. Il fallut encore me procurer deux assiettes, deux couverts, deux plats, deux verres.

« C'était la manière d'agir de M. Le Prévost, d'aller au jour le jour. Nos deux premiers élèves étant arrivés, notre première occupation fut de préparer leur classe. Ils m'aidèrent à y donner une couche de peinture. Puis, nous fîmes quelques paillasses et nous préparâmes des lits pour eux et pour ceux qui ne devaient pas tarder à venir.

« Notre mobilier n'était pas riche. Le nombre de nos enfants étant monté à quarante, il nous fallut établir au deuxième étage un dortoir plus spacieux. Comme il fallait bien l'éclairer, je demande à M. Le Prévost de quoi pouvoir acheter quatre lampes. « Pas d'argent », me dit-il, réponse qu'il me faisait souvent. Cependant il me fallait bien éclairer le dortoir. J'avais encore deux francs. Je vais chez un marchand de bric-à-brac. J'y trouve quatre lanternes de bois que les palefreniers pas riches mettent dans leurs écuries. Je les marchande. Quarante centimes chacune.

« Le prix était en rapport avec ma bourse; pour trente-deux sous, j'achète mes quatre lanternes. Il me restait encore huit sous pour acheter quatre chandelles de suif pour éclairer mon dortoir pendant plusieurs jours. Dans ces temps-là, il n'y avait pas de lampes dans l'escalier. Les enfants, partagés par divisions de dix à douze, marchaient sur deux rangs. Le porte-lanterne se mettait au milieu de son quartier. Le matin, la descente se faisait de même pour aller au lavabo qui était de l'autre côté de la cour de récréation. Dans les classes et au réfectoire, nous avions cependant des lampes.

« Chère pauvreté ! Puissions-nous toujours la conserver au milieu de nous ! »

Au moment où M. Myionnet terminait son récit, il s'arrêtait devant une maison de misérable apparence en disant à l'abbé : « C'est ici ! »

Après s'être renseigné auprès de la concierge, on monte d'abord trois étages en silence. C'était une pratique de M. Myionnet de ne plus parler à son compagnon dès qu'on avait franchi le seuil de la maison des malheureux. Il se recueillait en Dieu, montait les escaliers lentement, et comme en procession ! Il invoquait les bons anges des pauvres qu'on allait voir, se recommandait au Sacré-Cœur et à la Sainte Vierge. Dès qu'il avait donné le coup de sonnette, il se recueillait plus profondément encore et semblait invoquer tous les saints du Paradis.

La porte était à peine ouverte qu'il mettait chapeau bas comme s'il fut entré chez un grand personnage.

C'était bien sa conviction en effet que les pauvres cachaient Jésus-Christ et qu'il convenait de les traiter avec le même respect qu'on eût témoigné au Maître du monde s'il se fut manifesté en personne.

Ce jour-là, les trois étages furent suivis d'un quatrième composé d'une échelle de poulailler, aboutissant aux combles de la maison. Il y avait dans une première pièce un bébé de deux ans sur les genoux de sa mère, une jeune femme qui nous dit timidement : « Pardon monsieur ! mon mari ne veut pas voir de prêtre. — Vous lui direz que ce n'est pas un prêtre, mais monsieur Myionnet. » La femme se lève tout émue. Depuis trois ans qu'elle était en ménage, il ne s'était peut-être pas écoulé un seul jour sans qu'elle eût entendu son mari prononcer avec amour le nom de M. Myionnet.

Elle va donc au plus vite dans l'autre pièce et dit au malade : « N'aie pas peur, c'est M. Myionnet. »

Ce cher malade n'a plus qu'un souffle ! Sa tête immobile n'a de vivant que deux grands yeux qui s'inclinent lentement du côté de M. Myionnet pour en savourer la même sympathique physionomie d'autrefois.

« Ah ! mon bon monsieur Myionnet, que vous êtes donc bon ! »

Et l'on cause du passé, de l'orphelinat, des fêtes, des jeux, de la chapelle, de la première communion.

« J'ai avec moi un petit abbé qui n'est pas prêtre, dit M. Myionnet ; il est de la maison. Vous recevrez de sa main une médaille, en attendant qu'un de ces messieurs vienne entendre votre confession et vous apporter le bon Dieu. »

Tout ceci était dit sur un ton familier et simple qui paraissait tout naturel. Le malade disait oui à tout. Il pleurait, il riait, il était si heureux d'avoir retrouvé son Dieu en même temps que son père Myionnet, tant il est vrai que l'éducation première laisse dans l'âme une impression profonde que rien n'efface. Il suffit d'un souvenir, d'un accueil pour ressusciter dans une âme la vie divine quand elle y a été déposée de bonne heure et d'une façon sérieuse par le séjour de plusieurs années dans nos patronages ou les orphelinats.

Le prêtre vint, le repentir fut complet et gagna la pauvre jeune femme qui serait bientôt veuve.

Puis il est vrai que la mort n'a plus d'amertumes si l'on meurt dans le Seigneur ! On remet en vérité son âme entre les mains de Dieu quand on a le bonheur d'avoir un saint à son chevet. Que de douces paroles, quelle effusion de charité, quelle paix qui surpasse tout sentiment !

Ce malheureux a pu dire, comme tant d'autres : « Du moment que le Père

Myionnet est là, je n'ai plus peur ! »

Il accompagnait d'ordinaire ses chers enfants jusqu'à leur dernière demeure, se trouvant quelquefois tout seul à suivre le convoi. Il se tenait nu-tête, et disait tout au long son chapelet pour le repos du défunt, pour gagner d'autres âmes au Ciel !

NOTRE-DAME DE LA SALETTE

VII

HOMMAGE FILIAL

Durant deux belles années, celui qui a cru devoir à la reconnaissance d'écrire ces lignes, a eu l'honneur et la grâce d'accompagner, chaque dimanche, M. Myionnet dans ses visites aux familles pauvres.

Emerveillé d'un apostolat si fécond, il en a vu la source, et va l'indiquer tout simplement.

Un soir d'été, les dernières ombres du crépuscule enveloppaient avec mystère le pieux sanctuaire de Notre-Dame de La Salette à Vaugirard. Là repose le corps du premier martyr de notre Communauté, le Père Planchat, et de chaque côté, l'un vis-à-vis de l'autre, on vénère aujourd'hui les cœurs de nos fondateurs, le Père Le Prévost et Clément Myionnet.

A la seule lueur de la lampe du sanctuaire, on apercevait une ombre auprès du Tabernacle, aux pieds de Notre-Dame de La Salette. Un homme paraissait abîmé dans la prière, dans l'attitude du publicain, il se frappait la poitrine et tout révélait l'intensité de sa prière, la vision de son rien et du Tout de Dieu.

C'était M. Myionnet qui puisait en Dieu ce qu'il donnait aux âmes.

Je me souvins alors d'une confidence de notre saint homme.

« La Sainte Vierge à La Salette a choisi pour ses porte-paroles ce qu'elle a pu trouver de plus petit, comme vertu, science et savoir-faire. Ainsi en est-il de moi ; la raison du choix de la Sainte Vierge sur ma personne pour la fondation de la Communauté vient de ce qu'elle n'a rien trouvé de plus misérable que moi au monde. »

Or, c'est dans le mur de la chapelle de Notre-Dame de La Salette que la piété filiale des Frères de Saint-Vincent de Paul a déposé le cœur de cet ami des pauvres.

Sur la modeste plaque de marbre qui le recouvre, on a gravé l'inscription suivante :

PRÆCORDIA

CLEMENTIS-MYIONNET

QVI-EX-FRATRIBVS-S-VINCENTII-A-PAVLO-PRIMVS

AVDIVIT-CONSILIVM-ET-SVSCEPIT-DISCIPLINAM

OMNIBVSQVE-RELICTIS

SEQVVTVS-EST-ILLVM-QVEM-MISIT-PATER

AD-OVES-QVÆ-PERIERVNT-DOMVS-ISRAEL

ORPHANOS-EXCEPIT-IN-SVOS

ET FRATRES-CHRISTI-MINIMOS

ESVRIENTES-PAVIT-SITIENTES-POTAVIT

ERRANTES - COLLEGIT - NVDOS - COOPERVIT - INFIRMOS

VISITANTI

PAVPERVM-PAUPERTATISQVE-AMORE

PAVPER-IPSE-FACTVS

OBDORMIVIT-IN-DOMINO-DIE-III-DEC:AN:M.DCCC.LXXXVI

ÆTATIS-SVÆ-LXXV

En voici la traduction :

Cœur
De Clément Myionnet
Qui le premier des Frères de S.-Vincent de Paul
Se sentit appelé à la vie parfaite
Se soumit à l'observance de la règle
Et renonçant à tout
Marcha à la suite de Celui que Dieu le Père a envoyé
Vers les brebis perdues d'Israel
Les orphelins étaient ses enfants
Et les petits que le Christ a appelés ses frères
Il les nourrit quand ils avaient faim
Les désaltéra quand ils avaient soif
Les recueillit dans leur abandon
Les couvrit dans leur nudité
Les visita dans leurs maladies
S'étant fait pauvre lui-même
Par amour des pauvres et de la pauvreté
Il s'endormit dans le Seigneur le 3 déc. 1886
Dans la 75e année de son âge.

Daigne la Vierge de La Salette nous obtenir la grâce de suivre les voies toutes saintes de ce premier Frère. Imitons sa prière, son humilité et sa pénitence : ces vertus lui furent chères et seront la meilleure sauvegarde de notre charité.

FIN

TABLE DES MATIERES

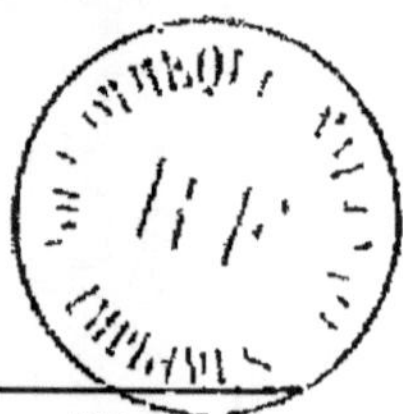

Paris Imprimerie des Orphelins Apprentis d'Auteuil,
D. Fontaine, 40, rue La Fontaine.

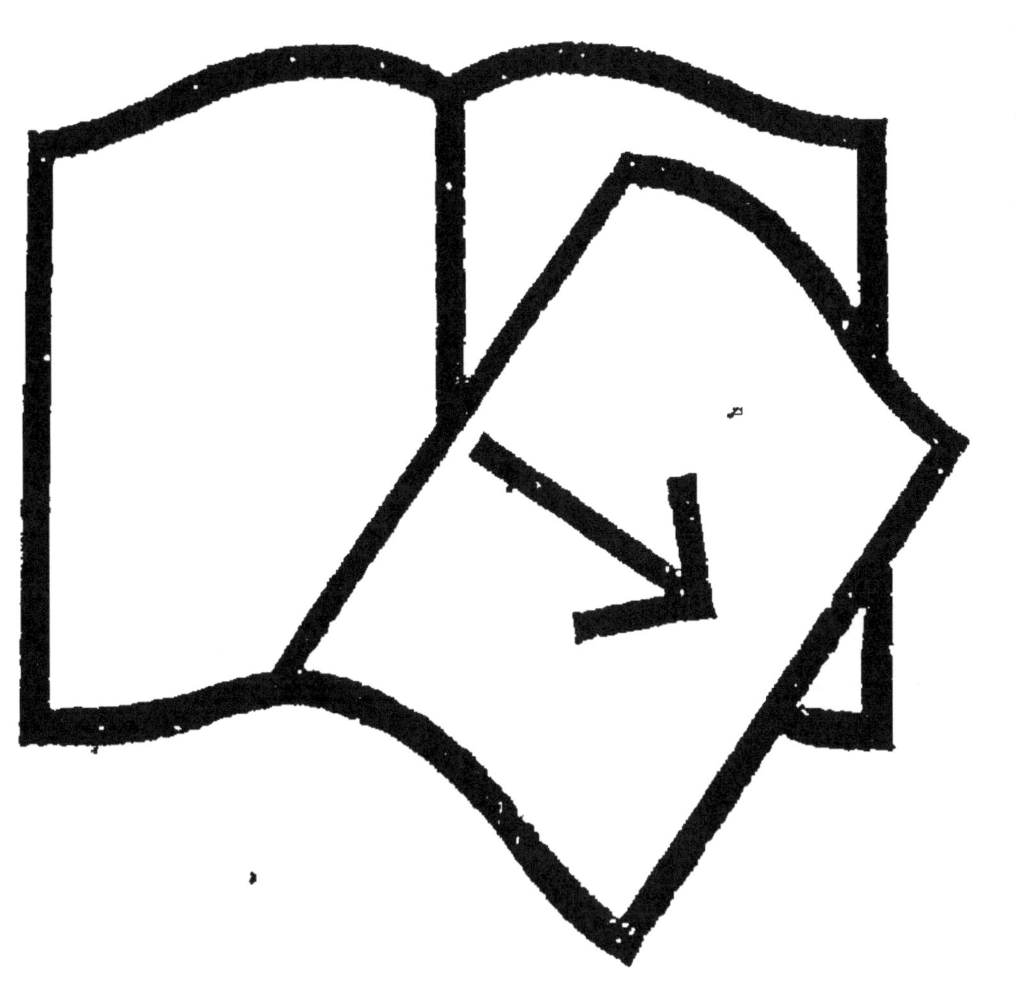

Documents manquants (pages, cahiers)

NF Z 43-120-13

www.ingramcontent.com/pod-product-compliance
Lightning Source LLC
LaVergne TN
LVHW020413230826
846091LV00004B/1270

9782013550048